"人生学校"成立于2008年,是一个由英国知名作家阿兰·德波顿创建的文化平台,旨在通过电影、工作坊、图书、礼物以及温暖又富于支持的社群,来帮助人们过上更充实、更有意义的生活。在优兔平台已经拥有超过900万订阅者。

很多人在年轻时天真地以为校园学习就是掌握全部知识的途径,长大后才发现在学校里很多东西是学不到的,很多问题更是连思考的机会都没有。德波顿利用自己的影响力创办"人生学校",挑战传统大学教育,重新组织知识架构,令其和日常生活更贴近,让文化更好地为人们服务。

"人生学校"出版的图书都与人们日常生活中的重要问题直接相关,并相信最为棘手的问题皆因缺乏自我觉知、同理心和有效沟通而起。本次首批引进的11册,聚焦于情感议题,从如何寻找一个合适的伴侣,到如何长久地经营一段亲密关系,给出了全方位的建议。

扫码关注

我们提供知识 以应对变化的世界

人生学校·The School of Life

还会找到真爱吗

[英]阿兰·德波顿 / 主编
[英]人生学校 / 著　张欣然 / 译

中信出版集团 | 北京

(How to Find Love) ♡

By

The School of Life

目录

引言　从理性到本能

一、我们为什么会爱上特定的人

1. 完善的本能 / 011

2. 认可的本能 / 015

3. 熟悉的本能 / 017

二、本能如何将我们引入歧途

1. 追求完善，问题连连 / 023

2. 寻求认可，麻烦多多 / 025

3. 找寻熟悉感，困难重重 / 028

三、本能进修术

1. 提升完善的本能 / 035
2. 精进认可的本能 / 038
3. 超越熟悉的本能 / 040

四、寻爱路上的绊脚石

1. 双向奔赴的挑战 / 049
2. 恐惧幸福 / 055
3. 固恋 / 059
4. 分手无能症 / 063
5. 羞于引诱 / 068
6. 缺乏耐心 / 072

结语　面对现实

1. 困难与想象力 / 077
2. 足够好与明显坏 / 082

引言　从理性到本能

"对本能的盲目仰仗实在不利于获得幸福。"

我们真该同情自己。寻找真爱,道阻且长,何况还是条少有人探索、画路标的新路。我们以现在的方式寻觅伴侣,满打满算也不过二百六十年。就如何建立亲密关系而言,我们仍处在探索阶段。踩过的那些坑还都历历在目。

在过去的大部分时间里,亲密关系有两点与现在截然不同。首先,人们结婚并非因为爱情,而是出于地位、金钱、家务技能和颜值等诸多因素的考量。人们更加不指望自己会爱上伴侣,能够做到在婚姻中相互忍受就算是烧了高香。人们所缔交的婚姻关系,可称为理性婚姻。其次，找伴侣一点不需要自己操心，全靠家庭以及更广泛的社会网络代劳。自会有人按照诸多"客观"标准为我们把关，而我们要做的只是静候佳音。

可好景不长，在18世纪中期的欧洲，悄然开始了一场后来传遍世界的思想革命，它就是所谓的浪漫主义运动。浪漫主义宣称，亲密关系唯一的真实基础是强烈的爱。所有现实考量（诸如下一代、地位、财产）要么可以忽略不计，要么与亲密关系无关。理性婚姻从此让位于感觉婚姻。时至今日，我们可以自己选择伴侣而不必顾及别人，无论是家庭还是社会，都别想左右我们。寻觅理想伴侣如今得靠本能，而不再依赖理性。

"跟着本能走"的观念，也开始在情爱故事中变得举足轻重。曾几何时，"坠入爱河"的感觉被认为是一时发昏，如今则成了度过半个多世纪美满婚姻的可靠向导。连这一感觉的到来都笼罩着神秘的色彩：变幻莫测，说不清道不明，更不受意愿摆布。它只在某人出现时突然降临，至于缘何如此，实非意识所能解。像文学艺术作品中反复描述的那样，爱情降临的征候包括但不限于：心跳加快，感觉像是不偏不倚地一下子堕入"此生唯一"的怀抱，辗转难眠，忍不住（跟几乎所有人）滔滔不绝地谈起所爱之人，渴望和"此生唯一"一起听音乐、亲近大自然。

浪漫主义始终坚信本能的吸引力，这听起来颇令人动容，有时还挺振奋人心，但细细想来又问题颇多。与我们对爱情抱有的期待相比，我们生活的大部分结局往往都极其令人失望。只消看一眼关于婚姻不幸和婚姻破裂的统计数据，我们便可以得出以下结论，即想要单凭本能的指引找到理想伴侣，实在有些异想天开。我们对本能的盲目仰仗实在不利于获得幸福。我并非主张回到理性婚姻，但我们的确是时候去寻找一个超越本能关系的未来了。在人生学校里，我们期待并且正努力为我们所谓的心理关系创造行之有效之法：在这一过程中，心理学的精华将被运用到寻找和维持亲密关系的复杂课题中。

一、我们为什么会爱上特定的人

"若想拥有高质量的亲密关系,
我们必须学会理性地审视浪漫爱情的召唤。"

将本能地被某类人吸引解读成单纯的神秘，是件挺诱人的事。说真的，对自己的感觉不加分析，只怀着敬畏和任其摆布的心态听凭本能驱使，的确能给人一种很"浪漫"的感觉。

然而，我们的感觉并不像期待的那样睿智而神秘。大多数时候，感觉会将人引入歧途。对某人最初的怦然心动，鲜少预示着令人满意的长期关系。若想拥有高质量的亲密关系，我们必须学会理性地审视浪漫爱情的召唤。这无关乎弃本能于不顾，只关乎如何在本能的基础上更进一步。

说起爱情之本能，最值得玩味的莫过于它那份独特的讲究。可不是随便什么人都能入我们的眼,人往往只被自己的"类型"牵着鼻子走。很多追求者的"硬件"堪称完美,但照样被我们拒绝。我们也说不清楚他们究竟有什么不足之处,只好弱弱地说一句"感觉不对",勉强以此作为解释。相反,我们会鬼使神差、义无反顾地奔向条件不尽如人意的追求者,至于原因,则完全超出意识可解释的范围。我们竟能挑剔得如此匪夷所思!

那么,为什么我们会爱上特定的某些人?为什么人人都有独属于自己的类型?又是什么主导着我们的沦陷?答案拆解出来无非有以下三点。

1.
完善的本能

爱情中最强大的驱动力之一是完善的本能。归根结底，人都是不完整的。我们的性格欠缺多种品质，既有心理上的，也有身体上的。有人不够心平气和，有人欠缺创造力，有人知易行难，有人不善机变，有人内心脆弱，有人不够敏锐。仿佛我们内心深处认识到了这种不完整性，于是每当靠近拥有这些品质的人时，便会被深深吸引。通过爱与被爱，我们渴求弥补缺陷，完善自我。

由于每个人的短板各有差异，因此有魅力者的特质也不尽相同。某些追求者身上的特质之所以没办法点燃我们的热情，很可能是因为我们自身已然具备这些品质，比如我们大概不会钟情于和自己一样静默如谜的恋人，总没人打破沉默着实别扭，我们可能更需要随时随地能想出新点子且性格不羁的人。我们对恋人的品味会因自身缺陷的不同而千差万别。

爱情中的此种吸引力机制跟设计风格的吸引力机制如出一辙。就建筑与装修设计而言，各风格入各眼的底层逻辑依旧是完善的本能。我们所谓的"美丽"的地方（就如所谓的"有魅力"的人）往往具备我们自身渴望而未得的特质。就拿以下这两座风格截然不同的建筑来说，我们对哪一座更为倾心，通常取决于自己缺乏哪座建筑展现的相应特质。有的人缺乏活力激情与华贵之气，且困于生活的单调乏味中，活得如苦行僧一般，大概率会醉心于维也纳圣彼得大教堂的富丽辉煌；而有些人焦虑于自己沉不住气、静不下心，日子过得杂乱无章，总如上了发条一般不得闲，可能更为奥格斯堡圣莫里茨教堂的大道至简动容。

一、我们为什么会爱上特定的人

维也纳圣彼得大教堂，1733

还会找到真爱吗

奥格斯堡圣莫里茨教堂，2008—2013

2.
认可的本能

爱情中第二种驱动力是认可的本能。生活中那些微末之事和无力之感，常能唤醒我们熟睡已久的孤独，或引起旁人对我们的无端猜忌，而个中滋味却又不足为外人道。我们有时会为内心不喜欢某个公认的老好人而暗自纠结；有时则因见到他人从容应对自己为之焦虑的事情而困惑不已；有时可能品尝着他人未曾经历的悲伤，或沉浸于无人共鸣的兴奋和爱好。

于是，我们便顺理成章地被那些看起来能读懂己之孤独的人深深吸引。我们爱他们，皆因他们能够认可脆弱、孤立、非主流的特质。他们"懂"我们，跟那些不理解我们、麻木不仁的芸芸众生完全不同。

最终,我们跟懂得肯定我们的理想对象在一起了,那种感觉仿佛参与了一场与全世界对抗的小小密谋行动。我们不再需要对自己的灵魂内核多加解释,他们就能知晓。我们甚至还没讲一句话,他们便已心领神会。他们深谙读心之术,故而我们不再需要诉诸寻常的沟通方式,不用费尽口舌。我们的爱是对他们神奇的意会能力的感激。

或许我们真的好喜欢玩拼图游戏,它是一种被多数知识分子朋友嘲笑的兴趣。或许我们有某种房事怪癖,始终羞于与曾经的伴侣分享。或许我们对大家都鄙视的某个政治人物深感同情。或许我们既爱母亲又对她倍感窒息,而这在旁人听来着实怪异。或许每次我们被行政事务搞得焦头烂额、压力巨大时,都无人体谅。或许我们小时候喜欢在床底下爬来爬去——此喜好延续至今,却无法在公开场合承认。对于所有这些,理想的伴侣都能自己领悟。

3.
熟悉的本能

我们长大后的恋爱方式很大程度上被孩童时代与爱相关的经历塑造。成年后,我们会被那些能够让我们想起小时候所爱之人的对象吸引——或多或少是无意识的行为。这令人颇为不安,因为把父母的形象跟性联系起来,会让人本能地厌恶。但这不是我想表达的。并不是我们一定会迷恋那些在各方面都跟我们的父母相似的人,而是似乎有种令人紧张的对称性——我们在成人身上发现的最有魅力的品质往往也能在我们童年的照顾者身上找到。我们对伴侣的感情最终总会夹杂着一种熟悉感。在他们的怀抱中，我们回到了最初的情感家园。

他们甜蜜地喊我们"宝贝"，这一点好像没谁细想过。

二、本能如何将我们引入歧途

"生闷气是爱情最奇怪的赠品。"

社会一向鼓励我们不对上述三种本能进行过多的探究。我们总被鼓励"跟着感觉走",以及"相信本能"。

然而,一定程度的智慧始于这样的认知——我们的本能在某些时候会将我们引入歧途。人类的一切本能皆如此,而不只限于情感本能。对于这一点,只消研究我们对食物的本能便可略知一二。在丰裕的国家和地区,有一半人口受肥胖困扰,并对过量的脂肪、糖和盐上瘾。关于知道什么对自己有益,我们从来就不是天生的专家。

故意无视本能或强行将其驱逐,都不是好办法。本能可以改善、升华,也可以被驯化以达到成熟状态。我们永远是本能的生物，但这不妨碍我们学习如何更有效地管理自己的冲动。这样一来，就更有可能找到一位心仪的伴侣或谈上一场天长地久的恋爱。

1.
追求完善，问题连连

完善的本能驱使我们寻找他人的长处，以弥补自身的弱点。这意味着，在实践中为了完善自我，有两个条件要同时满足，二者缺一不可。一是我们得对新东西秉持开放的态度，二是伴侣也得愿意言传身教。成功的爱情建立在这一学一教之上。

不幸的是，这两点往往都很难做到。我们或许早就在心里打定主意，不愿被人指手画脚。没人天生愿意被改变，因为改变总伴随着痛苦。因此，尽管我们被对方的优点吸引，但未必承认自己身上相应的弱点需要被纠正，毕竟当初正是这些弱点燎原了我们的倾慕之情。实际情况通常是，请求对方多多指教的是我们自己，而学得不情不愿的还是我们自己。一旦近距离接触，我们便会抵制那些远看颇为诱人并引领我们一头扎进去的功课，到头来反而觉得伴侣老是摆出一副高人一等的姿态，还总变着法子"嘲弄"我们。

更糟糕的是，伴侣并不总能充当我们内心憧憬的那位宽容、睿智的老师。无论他们在别的事情上多有耐心，我们的缺点都无可避免地会吓到甚至冒犯他们。他们可能太过担心跟白痴结婚会毁了自己的全部生活，从而变成了脾气暴躁的老师。这就难怪他们给我们上课时会语带嘲讽、夹枪带棒了。

2.
寻求认可,麻烦多多

浪漫主义的爱情剧本告诉我们,倘若伴侣对我们的爱出于真心,那么他们不用我们开口就能懂我们。他们仅凭直觉就能明白我们的孤独、迷茫,以及拒人千里之外的一面。

这种预设虽说听起来令人动容,但从长远来看会带来诸多麻烦。它让我们放弃了一项巨大却必要的挑战——表达自我,即明示我们想要什么,我们的感觉如何,什么使我们悲伤,又是什么刺激了我们。我们开始相信,自己不再需要为分享这些感受付出任何努力,好的恋人就应该自行攀爬我们的脑回路。他们如此自然、如此准确地了解我们的一部分想法,这在某个特定时刻让我们产生一种适得其反的错觉——他们就应该在任何时候都了解我们的全部想法,我们因而滋生了一种明摆着懒得解释的情绪(我们可能会辩称,解释就不浪漫了)。

问题在于,人类是极其复杂的物种。现实地讲,没有人仅凭直觉便能够触及另一个人的全部所思所想。也就是说,在我们十分在意的许多情境中,即便再怎么期待我们本能爱上的这个人不点自通,也没办法轻而易举且快速地得到认可。很多时候,我们未表达的需求只会换来深深的误解和恼人的错误。

"认可的本能"最大的危险之一是,一旦受挫,便会开始生闷气。生闷气是爱情心理学中一个非常独特的现象。重点是我们不会对谁都生闷气。生闷气被留给那些本该待在我们肚子里却趁我们一不留神跑到外头的蛔虫。我们当然可以跟他们解释哪里不对,可这样做,就说明他们无法凭直觉理解我们,那么他们也就不值得我们爱了。

　　生闷气是爱情最奇怪的赠品。我们相信好的恋人就该在我们怒火中烧时马上看出端倪，这就解释了为什么伴侣在派对上无意中惹我们不高兴时，我们会在回家的路上坐在车里一言不发。当他们询问是否有什么事时，我们便冷冷地甩出一句"没事"。等终于到家了，我们干脆直接消失在浴室里，把门一闩。他们再次问起"出了什么问题"时，我们便抱着胳膊保持沉默，因为我们隐秘地坚信，真正的爱人——值得我们去爱的人一定能越过浴室的面板，穿透我们的外壳，直抵我们焦灼而痛苦的灵魂洞穴，读懂我们的所思所想。

3.
找寻熟悉感，困难重重

（1）重复驱力

本能把我们带到那些感觉熟悉的准伴侣身边。从许多层面上讲，成人的爱情是重新发现最初在孩童时代习得的情感。众多备选人只有重新唤起我们曾经在父母身边的许多感觉，方能捕获我们的芳心。

然而，父母的形象并不总是温柔且善解人意的，他们的爱也可能混杂着一系列很有问题的成分。比如，他们可能抑郁、不靠谱、令人蒙羞，简直一团糟。这些特点恰是如今的我们需要在伴侣身上找到的，因为只有这样我们才能体验到自己"爱上"伴侣。我们会拒绝没有什么特别缺陷的追求者,连自己都不知道为什么,只得勉强说一句"他们好得过了头"或"他们有点无趣"。这些代码式表述的真正内涵是:"没能给我制造那种熟悉的麻烦"或者"无法给我爱中不可或缺的折磨"。

甚至可以说,我们主要不是想和我们所选的伴侣一起感受快乐,我们想要的是伴侣带来的熟悉感。这很可能意味着,如果我们小时候熟悉的情感总伴随着某种痛苦,那么我们便会鬼使神差地故意寻找令自己不快的境遇。

因循童年时期建立的情感模式,我们可能会有下面的结果。当对方经常对我们指手画脚,不重视我们,对我们冷漠,总因为我们做或不做某些小事而大发雷霆,始终觉得自己在智力上略胜一筹并时不时显摆,或者让我们对自己的身体感到畏惧和羞愧时,我们才感觉自己处于一种稳固的亲密关系中。

重复驱力是关系中的奇怪倾向,即我们会反复寻找那些本性有缺陷且阻碍我们完善自己、获得幸福的伴侣。我们很难发现自己的这种倾向，但别人则容易看出来。这种重复看似只是无心之失，但其实包含几分故意为之。在无意识层面上，我们别无选择，只能沿着童年时铺好的这条不幸的寻爱之路一直走下去。

说这些，不是为了对他人求全责备。许多关心我们的人也都有自己的问题，他们也没得选。即便他们对我们造成了某些困扰，那也不是有意为之。不过，我们还是得学会应对这些后遗症。

（2）反弹驱力

过去那些难熬的经历也会以一种截然相反的方式塑造我们的关系本能。我们不但不会爱上一个能让我们忆起父母的成人，甚至还会断然转到相反的方向。小时候的经历如此艰难，以至未来的伴侣跟我们父母之间任何一丁点的相似都让我们深感厌恶。这称为反弹驱力。

二、本能如何将我们引入歧途

这之所以会变成一个问题,是因为所有父母同时有好的一面和坏的一面。当受到反弹驱力的影响时,我们的本意是逃避坏的一面,最终却连带着对好的一面也产生了过激反应。倘若父母有很强的创造力,但脾气暴躁,那么如今我们就连任何有创造力的人都不能忍受。倘若父母聪明机智,但做出了令人蒙羞之事,那么如今任何头脑灵活的人都让我们避而远之。倘若父母善于经商,但感情冷淡,那么现在任何在商业上取得成功的人都免谈。

我们的内在很可能别无选择,只能跟缺乏某些优秀品质的人在一起,哪怕这些品质本可使我们深深受益,大大滋养我们,并能与我们本性中的某些东西产生共鸣。这着实令朋友们费解。他们也许会问,一个这么喜欢推陈出新的人——这点简直完美复制了其母亲——怎么会选择这么泯然众人的伴侣;或者一个家境如此优渥的人,怎么会和这种二流子在一起。这种时候,我们就应该寻找反弹驱力的蛛丝马迹了。

"问题父母"的优秀品质	（对伴侣的）反弹要求
财商很高、经济优渥	不懂赚钱、手头拮据
有条不紊、靠谱守时	任性而为、混乱不堪
泰然自若、雍容有礼	轻率鲁莽、粗俗无礼
聪慧过人、为人称道	资质平庸、愚昧蠢笨

三、本能进修术

"一段关系若想持续地结出硕果,
需要双方互为良师、互为学生。"

1.
提升完善的本能

　　面对本能，我们并非无计可施。一旦了解其运作方式，我们便有机会减弱其最坏的后果。明智地质疑最初的冲动，以合理地省察代替盲目地听从，都是我们可以慢慢学会的。

　　一个兼具我们所需之品质的伴侣固然很重要，然而对"进修"来说，同样要紧的还有本能没有告诉我们的东西——吸取教训和采取行动的意愿，这帮助我们成为自己期待的那种完满、平衡的人。事实上，别人身上具备相关品质，并不必然意味着我们善于向其学习。有弱点也并不意味着，我们会自动变成积极上进、学习得法的学生。总之,对方教给我们东西,也得我们愿学、会学才行。

虽说人人都有自我完善的本能,但其中的艰辛几乎没有引起注意。本能把我们领到这样一个伴侣面前——其具备我们欠缺的品质,然而当我们一想到向伴侣学习就感到厌恶时,关系会变得让人痛苦。我们认为(情有可原却有失公允),与自己朝夕相处的是个仗势压人的暴君,他们整日盯着我们的失败,对我们无休止地品头论足。

倒不是说本能在指引我们方向时犯了愚蠢的错误,而是说本能孤军奋战时,往往力有不逮。即便最有益的本能单独发挥作用,也很可能成为孕育痛苦的温床。一段关系若想持续地结出硕果,需要双方互为良师、互为学生。

若对自己有正确的认知,我们便会晓得,自身有待改进的地方着实不少。爱情的目标恰恰是成为一个安全的舞台,在这里双方都可以耐心地教、从容地学,共同探索如何成为更好的自己。一教一学并不意味着弃爱情于不顾,反而可以帮助我们成为更好的伴侣,更宽泛地说,帮助我们成为更好的人。

2.
精进认可的本能

我们爱生闷气，对心灵感应充满执念，这自有其感人的一面，至少唤起了我们对伴侣的一种坚定的信心，即他们拥有解读我们灵魂的超能力。但是，成熟的标志便是，不再期待别人在没有任何背景信息的情况下读懂我们的所思所想，我们得把自己的想法及其形成过程事无巨细地讲给伴侣听，坦白地讲，这真的很麻烦。然而，如果我们不耐心地表达自己的所欲所愿，那么即使是最智慧、最敏感的恋人，也绝无可能在我们面前游刃有余。

恋爱早期那些心有灵犀的甜蜜时刻，把人迷得神魂颠倒，但我们不能长久地沉浸其中。即便在最成功的关系中，无须诉诸语言的心灵相通，也只占很小一部分。故而即便伴侣做不成我们肚子里的蛔虫，我们也没什么可愤怒的。与其躲在一旁生闷气，不如试着鼓足勇气说出内心的需求，心平气和地教教伴侣。

3.
超越熟悉的本能

（1）超越重复驱力

熟悉的本能会把我们引向两种同样难搞的类型：一类跟我们的父母有一模一样的缺陷，另一类在完美避开我们父母的缺陷的同时也避开了他们身上的全部优点。

局外人一般会提出两个解决方案：一是一旦发现对方有问题，就要适时抽身、及时止损；二是改变自己的择偶类型。然而没有哪一个容易做到。在人生学校中，我们一向抱持着如下悲观的预设——谁会被哪类人吸引乃天性注定，非人力所能改。

三、本能进修术

因此，我们将提供一个不同的解决方案，其主要致力于改变我们习惯的困难应对方式。尽管早已成年，我们面对困难的反应模式依然保留着童年的印记。而这种反应模式又会进一步给一个涉世未深的年轻人造成诸多困扰。比如，很多事情本就不是我们的责任，我们却偏偏爱往自己身上揽；而面对让自己痛苦、恐慌的事情时，我们又不愿解释，只是一味地生闷气。

换句话说，这些自找的麻烦为我们提供了一个很好的契机，让我们的反应模式从孩童式升级为成人式。爱上的人脾气火暴也好，总忙于工作、对我们若即若离也罢，都不足以使亲密关系变糟，真正坏事的是我们用孩童的应对方式来处理成人的亲密关系问题。理论上，我们可以少些激动，少些脆弱，选择一种成熟且得体的方式，一切将因此不同。

不管本能带给我们多么奇葩的伴侣，我们始终有两种应对方式——孩童式的条件反射和理想的成人式回应。

究竟会爱上哪类奇葩对象，可能早已被过往经历写进我们的人生剧本，但与之相处的情境则是我们可以自行勾画的。如下表所示，若我们能将应对方式从B列转变成C列，情况会截然不同。

A. 问题行为	B. 孩童式回应	C. 成人式回应
呵斥	"都是我的错。"	"他们估计遇到什么事了。"
智力打压	"我太蠢了。"	"这说法倒有趣。"
压抑	"我得让你好起来。"	"我会尽力。但改善你的思维方式毕竟不是我的责任。"
恐吓	"是我活该。"	"我不会被你吓住。"
疏于关心	（渴求关注）"看我！快看我！"	"你有你要忙的，我也有我要忙的，这不挺好吗？"

（2）超越反弹驱力

反弹驱力是指，当与某种行为模式有关的经验过于

三、本能进修术

危险时，人们会以刻意追求其对立面的方式本能地逃避。他们让人害怕，却也博学多知、有条不紊、礼貌谦恭、有创造力，还很有钱，于是"让人害怕"后面的所有优秀特质都变得"有毒"。我们会觉得他们只要没有这些"有毒"特质，就一定不错——我们努力找寻"有毒"特质的反向品质。

麻烦的是，随着时间的推移，反向品质往往也会让我们感到厌烦。一开始，和一个不让我们过敏的人在一起，是一种解脱。渐渐地，我们开始对伴侣横加指责，而指责的内容正是那些对我们的本能产生最大吸引力的特质。考虑到早在童年时期我们就被教导如何贬低此类人，以上做法也就不那么奇怪了。

难缠的父母不仅使自己的优点变得有毒，还教我们如何批评那些缺乏这些优点的人。这种教育深深地印刻在我们的记忆中，它全是关于如何攻击我们因反弹驱力而深度沉迷之物。我们打压人的技术一流，毕竟从小就被专属的世界问题专家教育过了。

一个建议是，别再跟具有反向特质的人约会。重点在于转变（甚至彻底推翻）我们的本能，学着多欣赏那些具备我们父母的良好品质而又有幸避开其性格缺陷的人。殊不知这可难于上青天。一个更现实的目标是，在接受自己很可能一直会倾慕反向特质的同时，学会不那么咄咄逼人，并报之以最大程度的宽恕。

我们欲罢不能的类型	我们一贯的表达方式
才智平庸型	"你真是个蠢货。"
散漫型	"把你这摊烂泥给我扶一扶。"
不善社交型	"你个土鳖。"
羞怯型	"你真是无聊透顶。"
经济适用型	"你个穷鬼。"
温暾随和型	"你个窝囊废。"

我们不妨学着以一种迥然不同的眼光看待拥有反向品质的人，因为反向品质本身并没有什么不好。

三、本能进修术

我们跟伴侣闹矛盾并非是因为伴侣很糟糕，而是因为我们已经学会以苛责的方式回应他们的反向特质。其实还存在另一种应对方式。要牢牢记住的是，伴侣如此这般，实则帮了我们大忙。举例来说，资质平平的伴侣使我们免受博闻强识的人带来的创伤性羞辱，缺乏条理的伴侣则使我们免受高度纪律化的人引发的苦恼。我们得不断提醒自己这个尴尬的事实，即某些特定的品质对我们来说不易接受。然而被这个人吸引并没有什么错。我们还应该提醒自己，我们的回旋余地很有限。我们不要因为伴侣有缺点而厌恶他们，而要以一种善意的方式去关心他们的成长。

被"问题父母""下毒"的特质	我们钟爱的反向特质	我们口中的刻薄话	更友善的表达
聪慧过人	才智平庸	"你真是个蠢货。"	"俗话说，大道至简。"
奋发向上、有条不紊	散漫无序	"把你这摊烂泥给我扶一扶。"	"那又怎样？你只管做自己就好了。"

还会找到真爱吗

续表

被"问题父母""下毒"的特质	我们钟爱的反向特质	我们口中的刻薄话	更友善的表达
不喜社交	社交达人	"你个自命不凡的势利小人。"	"你自信而友善,我们倒不用事事都一起做。"
强势有力	有点羞怯	"你真是无聊透顶。"	"你是我生活中的定海神针。"
有钱	经济状况一般	"你个穷鬼。"	"金钱不代表一切。"
意志坚定	言听计从	"你个窝囊废。"	"你可真贴心。"

四、寻爱路上的绊脚石

"我们的灵魂都有瑕疵。"

1.
双向奔赴的挑战

表面上，我们都渴望爱，然而一旦对方开始给我们情感上的回应，爱又马上变得让人极度恐慌。上一秒还爱得死去活来，下一秒却又心生怨怼。对恋人的典型非难体现在两件事上。

他们认定我们特别好，我们觉得这简直太天真了。他们就是因为看不透人性，才会喜欢我们。这种人耳根子软，易为人所惑。要打心底里尊重这些内心如此不明澈的引诱者，实属不易。他们没达到读懂我们所需的智识水平。他们看不到我们吸引力不足和阴暗扭曲的一面，因此他们的感情也一定是脆弱、危险的。一旦他们看清我们的真面目，心就会立马冷下来。这太可怕了！所以我们得处处留意，不能暴露太多。自我的很大一部分始终没被认识，这就是为什么即便有了爱情，我们还是感到孤独。

我们还会指责伴侣黏人。他们总依赖我们，还提各种要求，这些时候他们似乎很脆弱，跟没长大似的。我们会纳闷儿，他们为什么就不能像个正常的成人那样靠自己的双脚站起来。

我们总认为错在伴侣。而实际上，问题无疑出在自己身上。我们该想想，觉得伴侣天真且黏人的根源在哪儿。没有我们的某些做法，就不会有他们的天真。他们之所以觉得我们哪儿都好，是因为我们把自己展现成了这样。我们总能在他们面前成功隐藏所有不光彩的地方。并非他们太天真，而是我们太会装。在相互引诱的阶段，尽量展示性格中积极的一面是很正常的。但若是到了极度引诱的程度，不遗余力地掩盖性格中的一切问题，就有点过了。极度引诱的背后是自我厌恶，即我们

四、寻爱路上的绊脚石

内心深处认定自己不被待见,没人会在看清我们的真实面目后依然爱我们,所以我们下大功夫伪装自己。这么做是有效的,但代价是毁灭性的孤独。

指责对方太天真不能解决问题,正确的做法应该是,放下对自身的疑虑,向别人展示我们真实的样子。我们得先跨出最初看似不可能的一步,相信了解我们的人同样可以接纳我们,不伪装的我们同样值得拥有爱。更何况,很可能伴侣一点也不天真,他们看得见真正的我们。诱惑背后的战战兢兢,取悦背后的用力过猛,我们为之羞愧难当的真正本性,他们都注意到了。他们并不介意,他们明白我们口中的自己远非真实的自己,也知道真实的我们差不到哪儿去——实际上他们一点没错。所以,不是他们对我们无知,反倒是我们对他们无知,他们并非我们断定的那样头脑简单。他们深知人性。他们知道人都是一半天使一半魔鬼,并已经与自己的"魔鬼"和解,他们想我们也能和解。他们率先懂得,不论是他们还是我们,都值得拥有爱。让我们放弃极度的引诱，学习有智慧地表露自己，即真诚地向面前胸怀坦荡的见证者渐渐揭开我们复杂的人性。

至于"黏人"这个词，它总能很快让人联想到一些不体面的人物形象，他们缺乏边界感且无限度地索求我们的时间。或许他们每小时打三次电话查岗，又或许我们去一下隔壁房间他们都会不安。诚然，存在一些病态依赖的人。但很多时候，有问题的不是"黏人精"，而是我们这些指责的人——这种情况多得超出了大家普遍的接受度。

当我们认为自己不是满足对方需求的合适人选时，我们就会觉得伴侣"黏"得让人作呕。我们内心深处不相信自己可靠、强大、可信、可敬、得体；我们还没有完全长大，于是觉得那些期待我们给予些什么的人，简直精神错乱，活该被嘲讽。只要发现一点被人依赖的苗头，我们就逃之夭夭。我们觉着，但凡有人需要与我们共度一个愉快的周末或一个周二的夜晚，就是有病。

然而，解决办法并不一定是努力改变伴侣，告诉他

四、寻爱路上的绊脚石

们别再要求那么多。他们大概率本就要求不多,只不过内心强大到愿意坦露自己的脆弱。明确表达需求是坚强而非懦弱的先决条件。我们应该修正对自己的看法,把自己看作他人在需要时多少可以信赖之人。对"黏人精"的恐惧不过是种自我厌恶,它向外波及我们的伴侣,转化成他们的污名。

摒弃自我厌恶不能靠自我吹捧(对着镜子说"我真棒")。我们应该学会悦纳自己,不是相信自己有多了不起,而是形成一种稳定的认知,即人都一样,大体是好的,又都不时带点小坏。如果我们能更准确地理解何为正常,我们就不会一直陷在极具破坏性的自我猜忌里。当然,说好听点,我们有点脆弱,有点狡猾,有点愚蠢。然而,众生皆如是。我们也不比别人更愚蠢或更反复无常。既然人人都有点古怪、有点破碎,那么大胆拥抱他人与我们建立深度亲密关系的渴望便不是难事。伴侣对我们的需求并不是妄想,而是不完美的每一个人都可能对另一个同类提出的合理要求。

为了更好地应对双向奔赴之爱带来的挑战，我们得把爱的内涵仔细辨析一番。当习惯感性的爱情时，我们会对双向奔赴之爱感到惊讶。这表明，只有当我们完全纯洁时，我们才可以爱自己；只有当伴侣完美无缺时，我们才爱他们。然而，我们的灵魂都有瑕疵。

感性的爱情通常能追溯到无法悦纳子女缺点的父母。曾几何时，孩子必须完美才配被爱。臭脾气、坏习惯和危险的念头必须被驱逐。于是孩子表面"听话"，内心羞怯孤僻。我们需要走向一种更人性化、更成熟的复杂爱情模式，从而能够包容不完美和矛盾，悦纳自身和他人的缺陷，自爱也爱人。

2.
恐惧幸福

一般来说，在爱中寻觅自己的幸福，乃人类天性使然。

于是，当我们发觉自己在恋爱中有时会表现得好像故意破坏达成心愿的机会时，心里会感到诡异且不安。明明在与心仪的对象约会，却偏偏为了些不相干的小事起争执，搞得气氛剑拔弩张。即便好不容易与所爱之人建立了稳定的亲密关系，也会时不时无端指责、歇斯底里和暴跳如雷以至搅得对方心烦意乱，就仿佛我们内心深处正盼着悲伤的一天——所爱之人身心俱疲、心灰意冷，纵使心中不舍也无法再忍受我们变本加厉的猜疑和戏精附体，不得不选择拂袖而去。

深陷此类境遇，不可全然归咎于走了霉运。要形容上述行为，得诉诸一个更强有力且能彰显某种意向的术语——自毁。我们对失败带来的恐惧已经再熟悉不过，但成功可以带来同样多的焦虑，这可能最终导致我们想要让美好的爱情化为泡影，以恢复内心的宁静。

归根结底，我们担忧的无非是这么一个事实：一旦爱上什么人，就得面对失去的可能。他们或许会背叛我们，或许会身染重疾以至与我们天人永隔，或许把注意力转移到了其他地方而对我们置之不理。这些可能性会一直存在。所有人都意识到了这些可能性，但只有自毁者会被其深深影响。

同样地，终极解释还是要从童年经历中寻找。自毁者往往在某个成长阶段感受到了期望的不可承受之重。世间的残酷，我们尝得太早，如羽翼未丰的雏鸟于暴风中战栗。我们曾如此渴望父母和好如初，但他们没有。我们曾如此盼望独居异乡的父亲有朝一日能回到我们身边，但他还是在异国扎下了根。我们终于鼓足勇气，全心全意去爱，而短暂的幸福之后，却是对方突如其来的冷淡和转身，徒留我们肠断心碎。于是，期望和危险的死结在我们的心灵深处越缠越紧，紧到宁可在失望中心如止水，也不肯在期望中品尝自由。

破解之法当然有，那便是时刻提醒自己：害怕归害怕，期望落空说到底也只不过如此而已，要不了人命。让我们变得胆小怯懦的那些痛苦不堪的过往，已对如今的我们无计可施。使我们变得谨慎的所谓客观条件，在成年的我们看来，已不复客观。我们或许还是会无意识地因循旧习，透过几十年前的偏光镜来窥视五彩斑斓的现在，却不知让我们提心吊胆、夜不能寐的事情早已成了过往，我们正在把这些没机会理解和充分哀悼的过往投射到未来。困扰我们的是局部未成熟，我们现在的身体里依然残留着孩提时代的古老部分。那个小孩还没来得及长大，尚且没办法摆脱属于他的那份恐惧。我们强烈的恐惧往往基于这样的想法——我们只能用童年的资源来解决现在的问题。每每遭逢可怕的失去，我们便瞬间变回那个无助的孩子。似乎根本不曾长大。

然而，我们已经长大。我们有能力把一切处理好。就算这段亲密关系遭遇失败，我们也只会难过一段时间，而不会被摧毁。与那个内在小孩想象的完全不同，我们的周围已不再危机四伏，我们也不再是那个承受不住失去的孩子了。

3.
固恋

　　寻爱路上另一个主要歧途是,我们会固恋某人,结果发现现实中此人与我们毫无在一起的可能。或许此人远在异国他乡,或许此人早就有了伴侣,或许此人对我们毫无兴趣,甚至或许,此人已故。

　　固恋是一种信念,即认为世间之大,唯有这一个人是我们毕生所爱,即便永远不可能与对方建立亲密关系也无妨。当新的有缘人出现并且方方面面都跟我们十分般配时,我们会毫不犹豫地拒绝。否则,就是对固恋之人不忠,哪怕固恋之人对此一无所知且毫不在意。

　　固恋常将自己伪装成极致的浪漫。我们的爱不求回报，没有结果，却如此强烈而纯粹。18世纪最著名的爱情故事——歌德的《少年维特之烦恼》，就是有关固恋的。维特疯狂地爱上了夏洛特，夏洛特也算喜欢他，但并不爱他，很快就和别人结婚了。维特身边从不缺单身女孩，她们魅力四射且对维特一片痴心。但维特没有时间去理会她们，他的心里只有夏洛特——那个根本不在乎他的女人。

这听起来很浪漫，但要想把自己从固恋的魔爪中解救出来，我们就得意识到，全情投入一段不求回报的爱情在本质上是一种狡猾——确保我们不会真正进入任何一段亲密关系。固恋实际上是对爱的恐惧。

能够唤起此种恐惧的因素有很多——患得患失、自我憎恨或害怕自我暴露（不想让任何人走进自己心灵的隐秘处）。我们必须努力解决的是这些问题，而非我们不停讨论的表面问题，比如怎样让对我们没兴趣的人爱上我们，或者如何说服自己即便被对方拒绝，他们依旧如此完美。

四、寻爱路上的绊脚石

一旦认清了固恋的真相,"某人重要到无人可替"的执念,便不再如最初看上去那般好似爱与奉献的伟大实践。固恋并非爱的表现,而是对寻爱路上的绊脚石的精心安排。

不停地跟自己说,其实并不喜欢这个人,或者想方设法忘掉自己对这个人是何等痴迷,都无助于我们摆脱固恋的状态。真正行之有效的做法是,认真地抽丝剥茧,弄明白自己究竟喜欢这个人什么,然后我们才会恍然大悟。原来那些让我们欲罢不能的品质,在另一些人身上同样找得到,并且跟那些人建立亲密关系可没有那么多实实在在的障碍。对自己爱上某个人的原因条分缕析一番,能让我们意识到,自己同样有可能爱上其他人。这听起来是个悖论,却能让我们重获自由。

因此,搞清楚我们究竟喜欢这个人身上的何种特质,以及究竟什么带给我们快乐,是走出固恋最为关键的一步。我们越是对某种特质欲罢不能,就越不会依恋特定的个人。我们一旦真正洞悉某人吸引我们的地方,便必然能在其他人身上识别出相同的特质。我们真正爱的不是这个具体的生命，而是我们率先在他身上发现的一系列特质，可能这些特质在他那里表现得最为明显。单单这一点就会引发一系列问题，太过显眼的人往往能引来太多关注，到哪儿都有人捧着，这样一来他们对别人报之以情的可能性就大打折扣。

然而现实中，任何好品质都不会独属于某一个人。它分布广泛，也藏匿于其他物种，羞羞答答地披着伪装，但只要我们用心去找，便不难发现。这也绝非训练自己放弃真正想要的东西。解放的行动是，看到诱发痛苦的角色之外有着广阔的世界，而其中就有我们所想所盼的一切。

4.

分手无能症

就我们当中的大多数人而言，进入一段优质亲密关系的首要障碍是，没办法结束正深陷其中并令人倍感煎熬的鸡肋关系。尽管多次想过一走了之，但就是狠不下心。身边的恋人对我们似乎很满意，种种迹象表明他们想跟我们有个未来并的确在为之努力。他们把自己的脆弱毫无保留地展现在我们面前，我们又怎能让自己成为他们生命中的乌鸦？总之，最令人担心的事有这样两件：没了我们，他们会彻底崩溃，这辈子再也找不到幸福；遭到拒绝后，他们会无比愤怒，并对我们实施打击报复。于是我们既担心又害怕。

我们的担心和害怕几乎无一例外地不符合事实。聚散离合本就是人生常态，鲜少听说此等级别的恐怖之事发生。真正值得深思的是，为什么一些人会如此忌惮他人不悦，并把自己不太可能有的极端脆弱投射到另一个人身上。他们当然会愤怒、伤心一阵子，但大概率能挺过来。与其说我们是因为担心他们应付不来才畏首畏尾，迟迟不敢提分手，毋宁说我们是一想到会惹恼他们，就心里发怵。不知何时，我们已成了这样的人：一想到会让别人不快（哪怕有正当理由），就会感到强烈的不安。

答案还得一如既往地从童年经历中寻找。我们小时候或许都有过此类时刻：身边的大人听闻噩耗时表现得歇斯底里，不管噩耗是来自我们还是来自他们生活中的其他人。他们摔门而出，大喊大叫，甚至扬言要自杀，还用东西砸我们……我们没办法把遭遇的问题原原本本地讲给父母听，因为父母看起来已经够烦躁、够生气的了。当我们因为偷球被抓或把鼻血流到地毯上时，父母

四、寻爱路上的绊脚石

便会大喊:"你想让我死还是怎么着?"我们于是小心翼翼,再不敢做同类事情。很可能当时真实发生的事情并没有一个五岁孩子想象的那么可怕,但问题就出在这儿:孩子可区分不了到底是真的大难临头,还是情绪不稳定的大人某天晚上短暂抽风。两者搅和到一起,并在一时的不悦和自杀性悲痛之间造成了另一种困惑——可以延续至成年后。与脆弱有关的创伤性遭遇很可能让我们觉得,不管付出什么代价,也不能成为噩耗的传递者。我们努力长成了老好人。殊不知,在爱情里,妥协会毁掉两个人的生活。

实际上,我们挥之不去的童年恐惧很可能只是错觉。当然会有一些暂时的戏剧性事件,这个消息犹如晴天霹雳。痛哭、尖叫、摔锅砸碗都属家常便饭。但是人类这个物种绝对有能力挺过一夜歇斯底里的号啕大哭。故事不会到此为止。尽管事发当晚,被抛弃的恋人险些用哭湿的纸巾和永不再爱的赌咒把自己给活埋了,但他的生活篇章依旧会徐徐展开,只要太阳照常升起。故事的后续情节大概是这样的："纳比尔提出分手后，梅尔一整个月都以泪洗面。她一度卧床不起，几乎水米不进。她跟闺密说，她的生活全完了，她永远都跨不过这个坎。有一回，她甚至打电话给纳比尔，恳求他和自己重归于好。纳比尔显得善解人意且语带尴尬，可还是回绝了。不久，冬去春来，随着工作越来越忙，梅尔开始感觉好多了。转眼到了四月底，她遇到了尼克，他是一个同事的朋友。他们一起喝过一回酒，小伙子挺招人喜欢，还约她下个周末一起去电影院看电影……"

我们经常忽略的另一点是，伤害的形式多种多样。残忍粗暴地对待对方固然是种伤害，而让对方在一段我们自己始终看不到未来的关系里虚掷青春，看似是为对方好，实际上往往伤对方更深。要分清什么是表面上为别人好，什么是实实在在对别人好，这是成长中重要的一课。要做到后者，得有魄力惹怒伴侣，甚至让他们心碎好一阵子。要想做真正的善事，得先有被憎恨的勇气。无论何时何地都坚决要做老好人，这种心理需求注

四、寻爱路上的绊脚石

定让我们变得异常残酷,只不过不为人知,甚至不自知罢了。如果我们不再爱对方,我们应该扼杀所有希望并允许对方恨我们,这是我们欠人家的。与此同时,我们也要相信自己有能力承受他们的愤怒。而这才称得上真正的善。

5.
羞于引诱

把准恋人引诱到我们的卧室和生活中,这种需要往往伴随着丢面子的风险。然而,我们有多害怕丢面子,则取决于有多看重自己所谓的尊严。

在引诱阶段,若是由于不够自信而过于看重脸面,绝不允许自己出丑,便会搞得进退两难。既是调情试探,一点出洋相的风险都不冒是不可能的:人家可能早就心有所属,人家可能对我们厌恶至极,人家可能直接放我们鸽子,人家可能在我们尝试牵手时回一句"快别傻了"。要是我们对永不出丑始终抱有执念,便会一直瞻前顾后、不敢行动,一来二去地,生命中的一切良机

四、寻爱路上的绊脚石

便都被我们生生错过了。

如果我们在引诱对方时信心不足,那么核心问题就在于,对一个正常人究竟需要保有多少尊严存在误解。在我们的想象中,人到了一定年龄,就能永远不被嘲笑了。我们深信过上美好的爱情生活,不需要我们把自己搞成彻头彻尾的傻瓜。可惜啊,事实并非如此。

增强信心的方法不是捧着自己的尊严一遍遍地确认,而是与自己不可避免的荒谬本性达成和解。我们现在是小丑,过去是小丑,将来也会是小丑——这完全没问题,毕竟咱们人类也没有别的选择。

一旦我们学会把自己看成已然愚蠢且生性愚蠢的存在,也就不会如此在意自己是否又多做了那么一两件看似愚蠢的事。我们试图亲吻的人可能觉得,我们颇为滑稽。即便如此,我们也不必为之惊讶,他们不过证实了我们早就大方承认的一个事实:我们、他们,连同这个星球上存在的其他人类,都是蠢蛋。如此一来,求爱被拒的痛楚会大大消减。对丢面子的恐惧,也不再始终萦绕在我们的脑海中。我们一旦相信被拒是常态，便更能没有顾虑地放手一搏。不知什么时候，在我们起初便想到的一连串拒绝中，例外出现了：我们得到了一个吻，我们开始交往了，我们结婚了……

若要重拾信心，还有一点必须铭记：即便我们成功吻到了心仪的对象，并与之交往，步入婚姻殿堂，也免不了在今后的日子里一次又一次地对其感到极度不满。在准恋人面前的那种惶恐，得归咎于一种夸张的危机感——我们担心遭拒绝。我们之所以犹豫再三，不敢要电话号码，不敢邀约吃饭，是因为我们觉得面前的这个人脱离了低级趣味，高贵如天使，且握有一切尘世喜乐，而自己简直低进了尘埃里。难怪我们会害羞得一句话也说不出，好不容易憋出一句，还讲得磕磕巴巴。更明智的做法是时刻牢记，甭管眼前的这个人是有着潘安之貌、闭月之容，还是灵魂圣洁如天使，随着时间的推移，他都将显现出令人一言难尽的复杂性，到时，你将失望、抓狂到心如刀绞。有了这一暗知识在手，下一次

四、寻爱路上的绊脚石

我们和心仪的对象讲话时就该放松很多。要知道,我们所面对的可不是什么神圣的存在,也没长着一双掌控我们喜乐的上帝之手,他们只不过是与我们一样的普通生物,同样为自己身上的紧张、妥协和盲点所困扰。我们不妨带着一种脚踏实地的自信接近约会对象并尝试开启一段关系,就如一只痛苦的手试图握住另一只痛苦的手,哪怕不久以后,我们会一次又一次地感到这是个天大的错误。总之,关系建立后,自然不再对彼此心怀感恩,我们可以试着把这种情绪带到最初的相互引诱阶段,让自己放松下来,以便让爱情顺利开始。

在相互引诱阶段,斩获信心之路始于一种晨起仪式,即每天早上出门之前庄严地告诉自己:"我是一个笨蛋、一个白痴、一个呆瓜、一个蠢货,我的幸福不超过十五分钟。"这样一来,再出一两次洋相也就没什么大不了。

6.
缺乏耐心

想理智地选择爱人,最重要的原则之一是不要急于做出选择。完满的夫妻关系有一个先决条件,那便是能够享受单身。一旦对持续单身感到难以忍受,我们就没办法做出明智的选择。要想建立一段良好的亲密关系,我们必须首先对今后独身多年的可能性安之若素,若非如此,我们对脱单的狂热会胜于对伴侣的爱。

不幸的是,到了一定的年龄,社会环境就会让人觉得单身容易不幸福。公共生活开始减少。已婚人士觉得单身人士的独立是种威胁,不乐意时常邀请单身人士一起玩,免得单身人士勾起他们对过去的怀念。友谊也

四、寻爱路上的绊脚石

好，爱情也罢，尽管有其他替代方案，还是相当不易得。难怪当一个稍微说得过去的人出现时，我们会立刻紧紧抓住，然后为之付出巨大代价。

人们意识到，当性只能在婚姻中获得时，这会导致人们由于错误的原因步入婚姻殿堂，只为获得由于人为设限而无法在社会中得到的东西。性解放的目的是，让人们在选择共度余生的伴侣时头脑更加清醒，然而这一过程只完成了一半。只有当我们确信单身完全可以像夫妻那样感到安全、温暖、充实时，我们才会知道人们选择在一起有正确的理由。是时候将"陪伴"从夫妻关系的桎梏中解放出来了，使其遍布各处且容易获得，就像性解放人士所设想的那样。

与此同时，我们应该努力让自己平静地看待长期保持单身的念头。只有这样，我们才有机会根据对方的优点来决定要不要在一起。

结语　面对现实

"任何人跟我们在一起都得迎难而上。"

1.
困难与想象力

我们不断告诉自己,单身是因为自己总遇人不淑,连个交往一下试试看的人选都没有。即便我们住在几百万人口的大城市,能轻松通过电子设备与几十亿人连接,我们也笃定目前就是没有合适的人。

然而笔者几乎敢断言,此处必定另有隐情。大千世界能入我们眼的又岂止一二,说不定我们早就邂逅了一批适合交往的对象,只可惜昏昏然如我们,丝毫没能觉察,白白错失了大好时机。更明确地说,我们鬼使神差地相信无一人配得上我们。我们总觉得自己能找到更好的人,却不出意料地事与愿违。为了把自己从骄傲自大和异想天开中解救出来，可以采用以下两个办法。

一是诚实地反观自身，问自己是否真的值得拥有如此特别的生命。外表讨人喜欢或者自觉地位高人一等，就会自我感觉良好。此乃人之常情，更何况我们确实有骄傲的资本。但是多想想自己的个性，或许便会多些于人于己皆大有裨益的谦逊之情，这样一来，也能对约会对象多些感激和宽容。麻烦的是，我们个性当中难搞的一面往往被沉默之幕遮盖。至于我们如何令人抓狂，很少有人愿意据实相告。父母太和善，朋友没动力，前任更有可能轻描淡写地声称，之所以弃我们而去，是因为他们需要更多"空间"或者得搬去印度，而不会表明是因为我们有时候简直是噩梦般的存在。于是，我们满怀信心地向前迈进，认为自己有能力为任何关系做出巨大贡献，并期待别人对我们千恩万谢，这一切皆因我们着了他们的道。我们的诸多方面都能把对方搞得一个头两个大，自己还浑然不觉。

我们的恼人之处很可能五花八门：做事情容不得丝

结语　面对现实

毫变通；自己打定主意的事情不愿让步；不善倾听对方说话；该分担责任时推三阻四；爱在小事上吹毛求疵，又不解释为什么非如此不可；有忙不完的工作，开口就是责骂，从不会循循善诱；因为一些无人在意的琐事而情绪激动（却又意识不到有多招人烦）。

过度的自我憎恨是亲密关系的大敌，而过度的自爱同样如此。我们只有意识到自己在某些不易察觉之处远非完美，才能摆脱束缚，与同样不完美的他人相处，毕竟我们遇到的也仅限此类。

只有务实地看待自己，才能恰如其分地与他人相处。于是对于哪些人配得上我们，我们便也能学着建设性地妥协。尽管我们有很多优点，但仍旧需要妥协，因为我们难以相处。任何人跟我们在一起都得迎难而上。

二是扩大择偶范围，因为我们意识到了自身的缺陷，并且更有想象力地看待一连串有着这样或那样缺点的准伴侣，而不是像我们已经习惯的那样迅速且毫不留情地一股脑儿拒绝。我们需要重新发现想象力在爱意萌生时所起的作用。当关掉想象力的开关时，看人就只会看表面。我们遇到了某个人——性格很好，但鼻子很大。免谈。这人是一个工程师，工程师都头脑简单。也免谈。这人很有钱，有钱人都是势利小人。还是免谈。这人头发稀疏，秃子不是我的菜。免谈。这人手腕上疙疙瘩瘩的。免谈。一旦置身于缺乏想象力的模式，不多一会儿我们就能剔除一大堆备选者。在这种心态下，我们手持一个十分简短的清单，它列着我们感兴趣（或排斥）的事情。我们觉得判断一个人只需要一两分钟，然后就可以果断拒绝了。

此处所说的想象力，是对不那么显而易见的事物保有一种敏感性。在看过一个人的表面之后，会想他或许也有另一面。那些看起来很传统、举止颇为拘谨的人，也可能有顽皮和野性的一面。那些看起来胆小怯懦的人，在熟人面前很可能妙语连珠。这人鼻子长得的确古怪了些，但目光特别温柔，而且嘴唇出奇地性感。有些人的工作或许平平无奇，但兴趣广泛，还是一起逛古董市场的绝佳人选。在想象力的加持下,我们开始学着发现那些更不动声色的品质,若只是正面看,是看不到的。锻炼想象力是爱情的重中之重。在某种程度上,它就是爱本身,因为我们最终都需要被他人以想象之眼看待,才能在长期关系中得到包容和谅解。借助富有想象力的思考,我们并不会背离真爱的目标,而是在真爱之内核处摸索前行。

2.
足够好与明显坏

阻碍我们对伴侣做出承诺的一个原因是,我们认为在某些方面存在问题与妥协很不正常。我们往往对爱情怀抱着一个笼统的印象,即总体而言,爱情(尤其在艺术作品中)被描述得远比我们自己经历的美妙,于是我们便对眼前的这段感情心生抗拒。触手可及的现实在遥不可及的理想面前,瞬间土崩瓦解。然而,我们所面对的很可能并非什么糟糕的亲密关系,它恰恰表现了正常关系该有的样子。

20世纪中叶,英国精神分析学家唐纳德·温尼科特发明了一个新词,用来帮助那些已经竭尽全力却还一直担心自己没做到尽善尽美的焦虑型父母。温尼科特指出，父母真正该追求的目标不是方方面面都做到完美，而是只做到"足够好"。孩子本就不需要完美的父母。他们需要的是普普通通、有自己的缺点但心怀善意的父母，父母会犯错，会后悔，会担心，会发脾气，但是也会道歉；父母在生活中有自己的需求，有时这种需求被优先满足，但父母仍然爱孩子，体贴孩子，并满足孩子的诸多需求。这样便称得上"足够好"的父母了。温尼科特借此安慰了那些饱受白日梦折磨的父母，他们总倾向于用自己永远无法达到的标准严格地审视自己的生活和自身。然而讽刺的是，这类父母反而更有可能缺乏温情、过于紧绷刻意，因为他们永远为做得不完美而焦虑。温尼科特想说的是，人和人之间的关系可能看起来问题重重，但考虑到常态，我们实际上做得相当不错。用这种态度来看待爱情，必定大有益处，因为它同样不可能完美。它很可能已经以自己独有的形式发展得"足够好"，完全可接受，只不过我们未曾意识到。

19世纪初,丹麦哲学家索伦·克尔恺郭尔对此问题有一个更为黑暗的版本。克尔恺郭尔对人类被迫做出的各式重大选择以及随之而来的精神瘫痪尤其感兴趣。我们必须在此刻下定决心,与某人共度未来五十年的时光——如此重担叫人如何承受?我们该如何做出决定并继续大步向前?在克尔恺郭尔眼里,我们困在选择里的原因只有一个:我们太希望自己选择正确。我们坚信,有唯一一个非常正确的选择和一大堆极度糟糕的选择。这就是为什么我们如此谨慎,如此挑剔,如此担心。克尔恺郭尔坚定地认为,两种选择之间的差异被我们夸大了。事实上并不存在一个决定性的危急时刻——要求我们在卓越之路和黑暗之路之间做出选择,因为不论我们如何选择,我们注定都会以某种方式直面严峻,生命之恐怖是必然而非偶然的。我们永远只面临糟糕的选择,这既是悲剧,又是美妙的解脱。我们再也不需要对选择这个事情如此谨慎。因此,克尔恺郭尔在他的《非此即彼》一书中诙谐而毫不掩饰地咆哮着:

结语　面对现实

"结婚，你会后悔；不结婚，你也会后悔；结婚或者不结婚，两者你都会后悔。去为世界的荒唐而笑，你会后悔；为它而哭，你也会后悔；去为世界的荒唐而笑或者哭，两者你都会后悔。相信一个女人，你会后悔；不相信她，你也会后悔……吊死你自己，你会后悔；不吊死你自己，你也会后悔；吊死你自己或者不吊死你自己，两者你都会后悔；要么你吊死你自己，要么你不吊死你自己，两者你都会后悔。这个道理，我的先生们，是所有生活智慧的精粹。"

换句话说，无论我们选择什么，都会有错，所以我们不应该为我们所做的任何一个选择而苦恼。真正的智慧并不在于总要努力做出更好的选择，而在于懂得如何与我们必然做出的错误选择和解。我们一直假设，只要我们能以某种方式做出一个理想的决定，生活就会变好。然而，克尔恺郭尔坚决反对这种幼稚的错误。我们应该愉快地接受"本就没有理想的选择"这一事实。这绝非仅针对我们自己的诅咒，而是每个人都必须面对的残酷现实。

不管是温尼科特，还是克尔恺郭尔，他们要表达的无非是，关系有问题是必然的。这听起来似乎很令人沮丧，但效果恰恰相反。如果事情未能如愿，那可能恰恰说明我们做得不错。两位思想家鼓励我们远离毫无益处的幻想。他们希望我们能适当降低对关系的期待，倒不是要让我们不快，而是帮助我们悦纳现实仅有的馈赠：对另一个有瑕疵之人的不完美却真挚的爱和注定麻烦不断但仍然珍贵的共同生活。

图书在版编目（CIP）数据

还会找到真爱吗 / 英国人生学校著；张欣然译.
北京：中信出版社，2024.12. --（人生学校）.
ISBN 978-7-5217-7078-0

Ⅰ. C913.1-49
中国国家版本馆CIP数据核字第 2024U4D100 号

HOW TO FIND LOVE:
Copyright © 2017 by The School of Life
Simplified Chinese translation copyright © 2024 by CITIC Press Corporation
ALL RIGHTS RESERVED
本书仅限中国大陆地区发行销售

还会找到真爱吗
主编：　　［英］阿兰·德波顿
著者：　　［英］人生学校
译者：　　张欣然
出版发行：中信出版集团股份有限公司
（北京市朝阳区东三环北路 27 号嘉铭中心　邮编　100020）
承印者：　嘉业印刷（天津）有限公司

开本：787mm×1092mm 1/32　　印张：3　　字数：36 千字
版次：2024 年 12 月第 1 版　　　　 印次：2024 年 12 月第 1 次印刷
京权图字：01-2024-5585　　　　　　书号：ISBN 978-7-5217-7078-0
定价：35.00 元

版权所有·侵权必究
如有印刷、装订问题，本公司负责调换。
服务热线：400-600-8099
投稿邮箱：author@citicpub.com

"人生学校"系列

— 已出版 —

《该有下一次约会吗》
《还会找到真爱吗》
《真的真的准备好结婚了吗》

— 待出版 —

Arguments
Heartbreak
Affairs
Stay or Leave
The Couple's Workbook
Why You Will Marry the Wrong Person
The Sorrows of Love
How to Think More About Sex

图书策划　中信出版·24小时工作室
总策划　曹萌瑶
策划编辑　蒲晓天　杨思艺
责任编辑　谢若冰
营销编辑　生活美学营销组
装帧设计　APT

出版发行　中信出版集团股份有限公司

服务热线：400-600-8099　网上订购：zxcbs.tmall.com
官方微博：weibo.com/citicpub　官方微信：中信出版集团
官方网站：www.press.citic